AF331832

DEUX LETTRES

À

PAUL DÉROULÈDE

AVEC LA RÉPONSE

de celui-ci à l'Auteur de

CANADA-TRANSVAAL

PRIX : **50** Centimes

EN VENTE

Rue Boileau, 23, Grand-Montrouge (Seine).

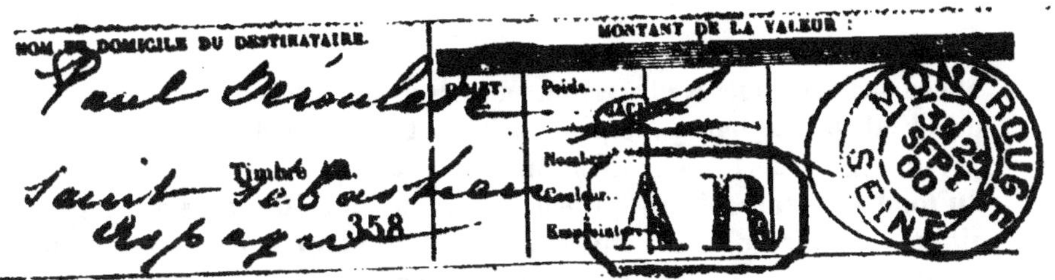

PREMIÈRE LETTRE

Grand-Montrouge, le 23 septembre 1900.

A Monsieur PAUL DÉROULÈDE,
à Saint-Sébastien.

Monsieur,

Mon nom vous est inconnu. Il ne l'était pas tout à fait de l'admirable écrivain dont vous avez l'honneur d'être le neveu. Si vous avez la curiosité de jeter les yeux sur le Mémoire qui accompagne cette lettre, vous y pourrez voir la nature des rapports que dès 1885, prêt à me retirer des affaires et à quitter l'Amérique, j'eus avec la Société des Gens de Lettres et celle des Auteurs et Compositeurs, en ma qualité de participant à la fondation de la *Franco American Agency*, (1) Société destinée à protéger aux États-Unis les intérêts des Auteurs français. Alsacien-Lorrain d'origine, je m'étais passionné pour cette défense des droits de nos concitoyens, indignement lésés de l'autre côté de l'Océan.

Mais, en rappelant ces souvenirs personnels, je n'ai d'autre but, Monsieur, que de me référer auprès de vous des relations, trop courtes sans doute, que naguère j'eus occasion d'avoir avec votre illustre parent. Le véritable objet de ma lettre est ailleurs, et je vous demande la permission de l'exposer en peu de mots.

L'admirable élan de foi républicaine qui signalait hier la **Journée des Maires** m'a, comme beaucoup d'autres, vivement frappé. Il convient je crois, de remonter aux grandes journées de notre première Révolution pour trouver une telle unanimité d'élan, une telle spontanéité d'acclamations enthousiastes. Sans doute, cet enthousiasme

(1) Voir au milieu de la brochure le fac-similé du premier Numéro publié à New-York en 1885.

et ces acclamations s'adressaient moins à la personne même du chef de l'État qu'à la haute magistrature dont il est revêtu et à l'idée qu'il personnifie. Mais elles ne m'en ont pas moins paru caractéristiques et, du fond de la terre d'exil, je reste convaincu qu'elles vous ont impressionné de même. Ne vous êtes-vous pas demandé, comme moi, comment les concilier, ces témoignages d'ardent amour pour les institutions qui régissent la France, avec ces haines, ces conflits perpétuels dont la Chambre des représentants nous donne chaque jour l'écœurant spectacle?

Librement choisis, Maires et Députés ne sont-ils pas cependant issus du suffrage de leurs concitoyens, ne sont-ils pas également l'émanation des opinions de tous, ne sortent-ils pas les uns et les autres des entrailles mêmes de la nation? Comment, dès lors, expliquer une telle discordance, un pareil désaccord? Ce désaccord, cette discordance, ne faudrait-il pas par hasard en chercher la cause et l'origine, non dans l'opinion flottante du pays, mais plus simplement dans le jeu des ressorts de cet admirable et délicat instrument qu'est le suffrage universel? Je le crois fermement pour ma part, et, vous ne l'ignorez pas, le grand écrivain qu'était Émile Augier le pensait aussi.

Préoccupé comme tant d'autres de cette question électorale, dont l'importance vitale ne lui avait pas échappé, l'auteur de *Giboyer*, ce profond observateur des plaies sociales, avait vu le mal et, résolument, loyalement, il avait cherché le remède.

En relisant hier, la substantielle et lumineuse étude que, dès 1864, Augier consacrait à un meilleur et à un plus équitable maniement du suffrage universel, intangible en principe, mais faussé, suivant lui, dans son application et sa pratique, je me suis demandé s'il ne serait pas opportun de remettre au jour ce merveilleux morceau dont gouvernants et gouvernés, qui n'iront guère le chercher au milieu des œuvres où il est relégué, pourraient faire si heureusement leur profit. Précédé d'une courte introduction explicative, j'en ferais l'objet d'une brochure destinée à être répandue à grand nombre. Mais pour agir ainsi, je n'ignore pas, Monsieur, qu'il me faut votre assentiment et celui des éditeurs. C'est donc cet assentiment que j'ai l'honneur de vous demander et que, je me plais à l'espérer, touché de l'unique sentiment qui m'anime, celui tout désintéressé, de faire œuvre utile, vous ne me refuserez pas.

Croyez, Monsieur, à mon admiration et à mon respect.

Joseph ARON.

DEUXIÈME LETTRE

Grand-Montrouge, le 6 novembre 1900.

A Monsieur *PAUL DÉROULÈDE*,
à *Saint-Sébastien.*

MONSIEUR,

J'ignore si ma lettre du 23 septembre dernier vous est parvenue, mais je n'ai, à cette heure, reçu ni réponse, ni accusé de réception. Quoi qu'il en soit, désirant, incidemment, dans l'attente de votre adhésion à ma demande, m'assurer des dispositions favorables des éditeurs d'Émile Augier, je me suis présenté, le 30 octobre dernier, dans les bureaux de la maison Calmann-Lévy, rue Auber. En raison de l'absence de M. Lehmann, que je souhaitais voir, je fus adressé à un M. Georges Calmann, dont le nom, sauf erreur, doit me faire supposer quelques liens de parenté avec les chefs de la célèbre maison Lévy. Après les premiers préliminaires de politesse, voici, relatée, aussi exactement que possible, la conversation qui s'engagea entre ce monsieur et moi :

MOI. — L'objet de ma visite est d'acquérir le droit de reproduire dans une courte brochure, quelques pages contenues dans le dernier volume des œuvres complètes d'Émile Augier et consacrées à *la Question électorale*. Il m'a semblé qu'au moment de la rentrée des Chambres, au lendemain des élections anglaises et à la veille des élections américaines, il y avait un véritable devoir patriotique à remplir en cherchant à répandre dans le public les idées renfermées dans cette magistrale étude de l'auteur du *Fils de Giboyer*. Une fois déjà, d'ailleurs, j'ai eu l'occasion, d'entrer en relation avec la maison Calmann-Lévy au sujet du *Copy Right* américain.....

LUI (m'interrompant). — Oh! le *Copy Right* américain, parlons-en! Quelle blague! Nos auteurs ne sont pas plus protégés là-bas qu'en Russie!

MOI. — Pardon, Monsieur, en Amérique il existe une loi qui protège les auteurs étrangers. Bien avant la mission Kératry, j'ai été suffisamment mêlé à tout ce qui concerne cette loi pour en parler en toute connaissance de cause. Sans doute, elle n'est point parfaite et les auteurs sont obligés à certaines mesures de précaution.....

Lui. — Oui, je sais..... On doit imprimer avant la publication en France.....
C'est une plaisanterie..... Le plus simple est d'étendre aux Américains le
système employé avec les Russes. La Russie n'a point contracté de traité.
Nous nous en passons et nous publions à l'heure qu'il est les meilleurs ouvrages
russes sans rien payer à leurs auteurs. Que l'Amérique ait seulement quelques
littérateurs un peu connus.....

Moi. — Mais elle en a et ce sont ceux-là justement qui ont le plus efficace-
ment aidé le comte de Kératry au cours de sa mission..... Mais la question
n'est pas là. En deux mots, Monsieur, au cas où M. Déroulède, à qui j'ai écrit,
accéderait à ma demande, je désirerais savoir quelle somme exigera votre
Maison pour la cession des 16 pages de *la Question électorale?*

Lui (ironique). — D'abord, Déroulède ne vous accordera jamais l'autorisation que vous sollicitez de lui.....

Moi. — Pourquoi?

Lui. — A cause de votre nom, qui indique assez à quelle religion vous
appartenez. Déroulède, comme Drumont, est antisémite.

Moi. — M. Déroulède n'est nullement antisémite. Il l'a déclaré naguère
devant moi de la façon la plus formelle.

Lui. — Erreur complète. S'il ne l'était pas, il l'est devenu.....

Moi. — Je persiste à ne pas le croire, et j'attends avec confiance son
autorisation.

Lui, se levant, pâle de colère. — Eh bien, si Déroulède vous l'accorde cette
autorisation, moi, je vous la refuse! Et si vous passez outre, je ferai saisir votre
brochure et je vous intenterai un procès..... Tenez-vous-le pour dit.

Moi. — Parfaitement, Monsieur..... J'ai l'honneur de vous saluer.

Et je pris congé.

Je l'avoue, Monsieur, en présence de ce double échec, caracté-
risé, d'une part, par l'attente, vaine jusqu'ici, de votre réponse et,
d'autre part, par l'insuccès de ma démarche auprès des éditeurs de
votre illustre parent, je me suis demandé, en conscience, quel crime
irrémissible je commettais envers la mémoire d'Émile Augier en
demandant à remettre au jour cette *Question électorale,* produit de
son puissant cerveau, enfouie, quasi inconnue, au milieu de ses
œuvres.

Au cours d'une première et hâtive lecture, elle m'avait frappé
vivement, cette étude ou se trouve, condensée en quelques pages
loyales, la plus efficace des réformes à apporter au système électoral français. Plus je la relis, plus j'en pèse scrupuleusement les
termes, plus j'y trouve le germe d'une réforme féconde, digne en
tout cas de l'attention du corps électoral et des méditations des
législateurs. Il est clair que je ne saurais passer outre à la défense,
nettement hostile, ou à l'indifférence des ayants droits légaux, et que

devant cette attitude je ne puis que m'incliner. Il me sera permis du moins, après avoir protesté de mon respect pour le droit de propriété littéraire, d'exprimer avec énergie mes patriotiques regrets et de signaler l'excellence du remède préconisé par l'admirable penseur que fut Augier, qui, d'un bout à l'autre de son œuvre dramatique, montra assez à quel point les questions d'ordre social ne demeurèrent jamais étrangères à ses préoccupations.

Esprit large, indépendant et libéral, Augier, pas une minute, en élaborant son système, ne songea à porter atteinte à la liberté non plus qu'à la plus légère restriction du droit de suffrage, privilège imprescriptible de la nation.

Son projet n'offre rien de commun avec les élucubrations plus ou moins entachées de réaction qui, depuis un demi-siècle, ont pullulé à la tribune et dans la presse. Mais les excès du favoritisme, la pression gouvernementale, les intrigues des partis, les hontes et les misères de la cuisine électorale en France, les compromissions de toute nature, autant de facteurs qui, faussent la vérité du vote, l'avaient profondément attristé et écœuré.

Bien qu'il ne se vantât nullement de se poser en professionnel de la politique :

« **N'est-ce pas, disait-il, le devoir de tout homme de bonne volonté, quel qu'il soit, d'intervenir à l'endroit de la bifurcation et de crier fausse route ?... La vérité que j'ai aperçue, c'est que le malaise de notre société est tout simplement le défaut d'une bonne loi électorale...... »**

Et plus loin :

« **Or il est facile de prouver que jamais Chambre élective n'a été l'expression exacte de la France. »**

Partant de cette vérité primordiale, Augier cherchait donc de son mieux une organisation moins défectueuse, plus précise de ce méca-

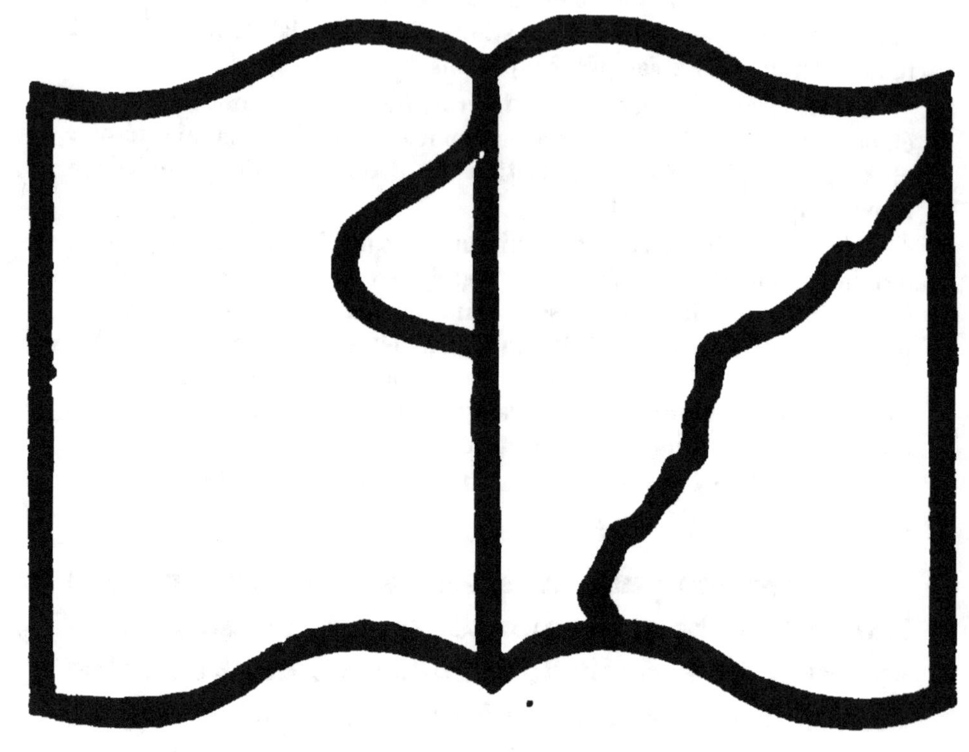

317 East 14th Street.

NEW YORK, NOVEMBER, 1885.

Five Cents a Copy. — No. 1.

OUR GALLERY

of

PORTRAITS.

AN ILLUSTRIOUS FAMILY.

EMILE AUGIER.

PAUL DEROULEDE — EMILE GUIARD.

We feel highly pleased at being able to commence our gallery of French dramatic authors' portraits with an admirable likeness of the illustrious Émile Augier, the glory of the Contemporary Theatre, and one of the most highly honored members of the Académie Française. It was at the Théâtre de l'Odéon, and when yet quite young, that he made his début as a dramatic author. His first piece, "La Ciguë," made an instantaneous success, and the day after the initial performance of that masterpiece saw the young author famous and celebrated all over the European continent.

He has not stopped working since, and his career as a dramatist has been a continuous and untiring advance towards an everlasting celebrity. "L'Aventurière," "La Jeunesse," "Gabrielle," "Diane," "Le Gendre de Monsieur Poirier," have long since immortalized his name. His political plays, "Les Effrontés," "Le Fils de Giboyer," "La Contagion," "Lions et Renards," were acclaimed by all the European critics as so many works stamped with dramatic genius. His last pieces, "Jean de Thommeray," "Madame Caverlet," "Les Fourchambault," are marked with sentiments full of humanity and nobleness, and are the pride of the French stage.

Émile Augier is a great poet and an inimitable prose-writer. The striking characteristic of his plays is his brilliant treatment of all that is honest and loyal, and his style is exceedingly cutting and witty. As a man, he is handsome in appearance and of a good natural disposition. He dislikes any exaggerated and ostentatious publicity. He lives in the midst of his charming and loving family, has but few enemies, if any, and counts his admirers and friends by the thousands.

Emile Augier is a grand officer of the Legion of Honor, and the Académie Française selected him unanimously to deliver, in the name of that immortal institution, the last eulogy of Victor Hugo under the Arc de Triomphe, which was used on that memorable occasion as an imposing catafalque for he who had been the greatest among the great French poets.

Emile Augier has two nephews, sons of his two sisters, who are rapidly following in dramatic literature and poetry the footsteps of their illustrious uncle.

.**.

Paul Deroulède, the elder of the two, is to-day deservingly famous as president and founder of "La Ligue des Patriotes," and, like his uncle, he is a poet and dramatic author. He presented himself at the early age of eighteen, with a piece in verse at the Comédie Française, and only a few years ago he was applauded at the Odéon when that theatre produced his magnificent drama, also in verse, called "L'Hetman."

.**.

Emile Guiard, the younger nephew, has also met with great success as a poet and dramatic author; he, too, commenced when quite young, and his début was made with the production of a very nice piece in verse called "Volte Face," given at the Comédie Française. Since then he has had several of his plays produced: "Feu de Paille," at the Odéon, and his masterpiece, "Mon Fils," which met with remarkable success.

Are we not right when we call the three portraits adorning the head page of our first number:

"An Illustrious Family?"

Le dessin du frontispice de notre journal est dû au crayon de M. le lieutenant de vaisseau Gustave Salata, officier de la Légion d'honneur, qui nous l'a gracieusement offert.

Les gravures sur bois sont de M. Jules Clément.

.**.

En dehors du service de notre journal, que nous faisons à la Société des Auteurs et Compositeurs Dramatiques, aux journaux et aux théâtres de Paris, nous en établissons un dépôt régulier chez Madame A. Laror, libraire, 28, Boulevard Bonne-Nouvelle, Paris, où l'on pourra se le procurer au même prix qu'en Amérique, c'est-à-dire à 25 centimes le numéro.

.**.

On peut s'abonner directement de France au Franco-American Dramatic Bulletin, moyennant *trois francs cinquante centimes par an.*

ÉMILE GUIARD. PAUL DEROULÈDE.

Extract of a Letter from EMILE AUGIER:

"Croissy (Seine-et-Oise), Aug. 4, 1885.

"I am indeed delighted, my dear Mons., at the good news you are sending me.

"You have my very best wishes, and you know that I will be the first one to rejoice over your success, which I most sincerely hope will meet with all your expectations.

"Go ahead and good luck to you!

"Very cordially yours, "ÉMILE AUGIER"

nisme du suffrage, tel qu'il le voyait fonctionner autour de lui en 1864 et tel, hélas! en dépit d'une correction plus apparente que réelle, qu'il fonctionne encore aujourd'hui.

Nul doute qu'Augier, l'honnête homme épris de bon sens et de clarté, redoutait de voir s'implanter chez nous les mœurs électorales si chères à l'Angleterre, mœurs où s'étalent le marchandage le plus éhonté et une corruption sans frein.

« Dans cette libre Angleterre que nous admirons tant », observait-il justement, **« on sait d'avance ce que coûtent certaines élections; chaque vote est tarifé, et le trafic se fait au grand jour. Nous n'en sommes pas encore là, mais nous sommes sur la pente, et nous y arriverons si nous n'y mettons ordre. »**

Ces excès inséparables de toute expérience de la consultation nationale, cette incompétence flagrante des électeurs, cet écart singulier entre le principe, égalitaire et indiscutable en soi, de l'exercice du suffrage universel et son application pratique, il les jugeait moins graves sans doute en France que chez nos voisins d'outre-mer, mais il en souffrait néanmoins, et le but de ses réflexions le portait invinciblement à essayer d'y remédier dans la mesure de ses forces en appelant à son aide tout son courage civique et toute sa franchise, et en portant impitoyablement, avec toute la force de son talent d'écrivain, le fer dans la plaie.

C'est le résultat de ces efforts. Monsieur, c'est le fruit de ces réflexions, que j'aurais voulu remettre au jour. Mais, respectueux avant tout des droits de la propriété littéraire que, quoi qu'en dise le terrible M. Georges Calmann, j'ai puissamment contribué à défendre aux États-Unis, il est clair, en effet, qu'en l'absence d'une réponse que je n'ose plus guère espérer aujourd'hui et devant la malveillance non déguisée des éditeurs, j'aurais mauvaise grâce à insister davantage et à tenter, non la publication, mais même un modeste développement du projet d'Émile Augier. D'ailleurs une analyse forcément incomplète de ce remarquable travail, longuement mûri par son auteur, ne pourrait que le déflorer sans profit pour le lecteur et m'exposer inconsidérément à trahir la pensée de l'illustre Maître.

Je veux simplement me borner à citer ici ces quelques lignes dans lesquelles Augier, au début de son étude, pose en axiome cette vérité que personne n'osera contester :

« Le fait le plus saillant dans l'histoire du régime représentatif en France, c'est que toutes nos révolutions ont renversé des gouvernements soutenus par la majorité des Chambres électives. D'où il résulte évidemment que ces Chambres ne représentaient pas la nation. »

Dès lors, partant de cette donnée, l'auteur est amené à chercher une base plus solide de la représentation nationale, et après une étude approfondie, s'inspirant de la constitution de l'An III et de celle de l'An VIII, il la trouve, cette base, dans l'établissement d'un suffrage indirect, dont la compétence, dans son esprit, doit croître en raison du nombre de degrés. Dans cette conception, à la fois simple et logique, chaque degré électoral (conseil municipal, conseil cantonal — remplaçant le conseil d'arrondissement — conseil général, chambre des députés), hiérarchiquement réglé, représente un degré du pouvoir représentatif.

Sous quelle forme, à la fois concise et saisissante, à l'aide de quels arguments d'une évidence qui ne laisse rien dans l'ombre, Augier arrive-t-il à développer sa thèse et à faire partager aux lecteurs la conviction profonde qui l'anime lui-même, l'étude de la *Question électorale* permet seule d'en donner l'idée, en permettant de l'apprécier à sa haute valeur politique et sociale. A ces pages, dans lesquelles l'auteur, par un affinage gradué de la représentation nationale, par l'élévation de la capacité du représentant choisi, arrive à résoudre ce double et difficile problème, la compétence de l'électeur et la sincérité du vote, je ne veux emprunter que ces quelques mots, où se résume l'invincible foi de l'écrivain et du penseur :

« Les Révolutions ne sont que des malen-

tendus. Il n'est pas un souverain assez ennemi de lui-même pour se séparer volontairement de l'opinion publique; en sorte qu'on peut avec la même certitude assurer, quand un gouvernement tombe, que la représentation nationale était fictive, et prédire, quand la représentation est fictive, que le gouvernement tombera.

« La sincérité de la représentation, qui est la première des garanties pour le pays, est donc en même temps la première condition de stabilité pour un gouvernement, et, par conséquent, la question électorale est la clef de voûte de l'édifice politique. »

Je m'arrête, sous peine d'enfreindre le devoir que je me suis moi-même imposé en écrivant cette lettre. Si infructueux qu'aient pû être mes efforts, je croirais cependant n'avoir pas fait, moi non plus, œuvre inutile, si je suis parvenu à inciter quelques esprits éclairés et réfléchis à la recherche, dans l'œuvre d'Émile Augier, de ces vaillantes pages (1) où ils pourront trouver, en dehors de toute étiquette de parti, les éléments d'une amélioration sérieuse du régime électoral de la France, en même temps qu'un progrès réel dans la moralité de nos mœurs politiques.

Je suis, etc., etc.

Joseph ARON

---

(1) Dans le dernier volume: *OEuvres diverses d'Émile AUGIER, de l'Académie Française*, pages 201 à 233, se trouve **La Question Électorale** (Calmann Lévy, éditeur, ancienne maison Michel Lévy frères, 3, rue Auber, Paris, 1883).

On vient de lire les deux lettres, pourtant courtoises de forme,
adressées à M. Paul Déroulède. Voici la réponse, aussi concise
qu'inattendue, que ce dernier a cru devoir leur faire. Pièces en mains,
le lecteur jugera :

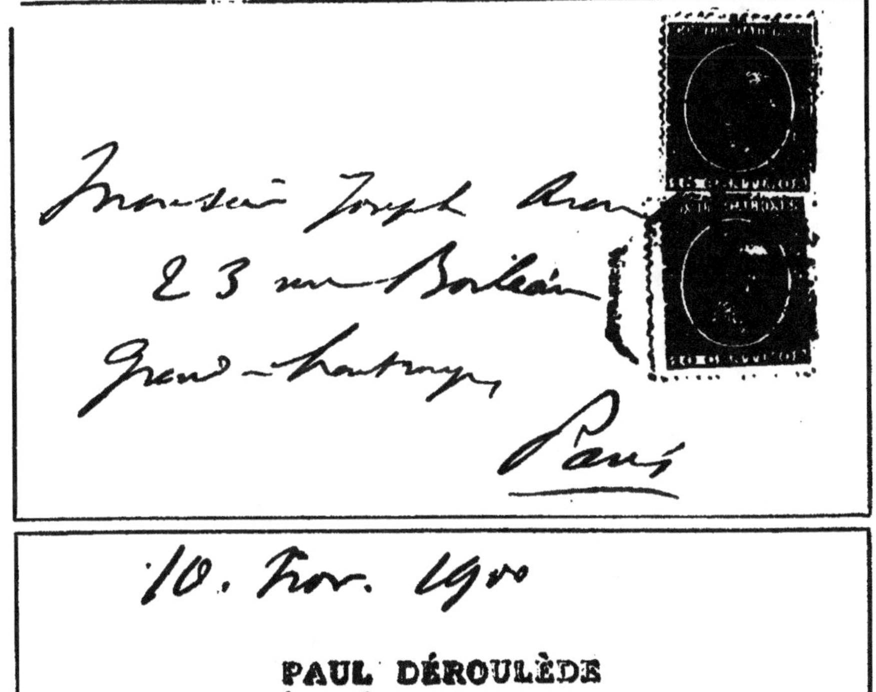

Je regrette le refus de M. Paul Déroulède, peu respectueux de la mémoire de
son oncle. Augier, j'en suis sûr, ne m'eût pas opposé une telle fin de non-
recevoir.

Dédaigneux des vaines colères de ceux qui, vivant de la politique, traitent
en intrus les hommes dont ils ne sauraient suspecter le désintéressement ni
la bonne foi, Émile Augier, tourmenté, comme tant d'esprits d'élite, du besoin
d'un idéal, chimérique peut-être, étant donnée l'imperfection de la nature
humaine, eût souhaité ardemment que le système représentatif s'engageât enfin,
après les inévitables tâtonnements du début, dans une voie de probité plus haute,
moins exposée aux mécomptes, à la duplicité et à l'erreur.

JOSEPH CARON